Farbenfreude
mit
Indianerzeichen

Impressum:

Bibliografische Information der Deutschen Nationalbibliothek: Die Deutsche Nationalbibliothek verzeichnet diese Publikation in der Deutschen Nationalbibliografie; detaillierte bibliografische Daten sind im Internet über www.dnb.de abrufbar.

© 2020 Peter Oberfrank – Hunziker
Herstellung und Verlag
BoD – Books on Demand, Norderstedt

ISBN 9783750495340

Die Natur ist schön und es gibt viele
Farben in der Natur wie grünes Gras
und graue Steine und allgemein auch
viel Buntheit und auch ganz klare
Farben und Indianerzeichen sind schöne
Zeichen.

Indianerzeichen Natur Haus

Indianerzeichen Sport

Indianerzeichen Große Liebe und
wohnen im Hausi und Märchenabende
mit Buch lesen und glücklich sein .....
Indianerliebe und schönes Herzily

Indianerzeichen: indiani blue is dark blue ….. unique ever and enjoying beautiful nature and sports doing

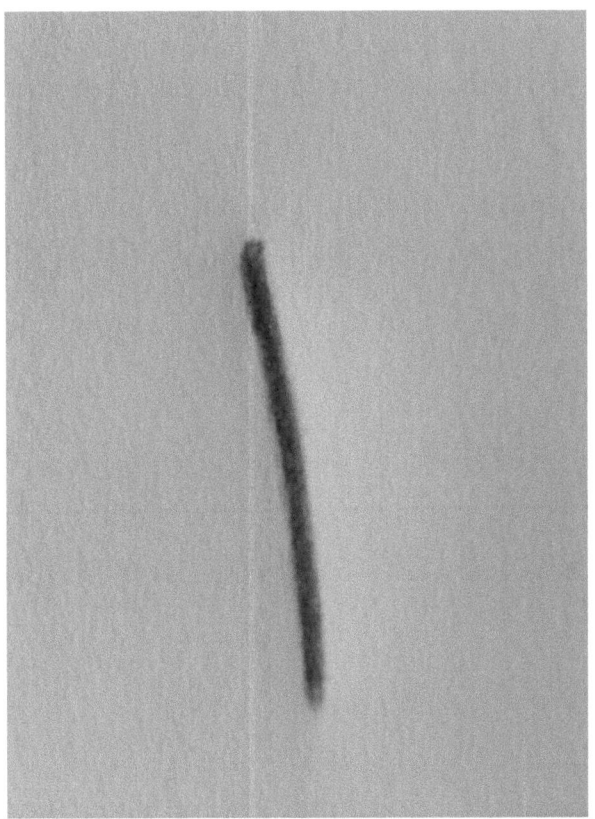

Indianerzeichen: NHL montreali Haus

Indianerzeichen: NHL sport celebrating and NHL Stanley Cup trophy and presentelen …..

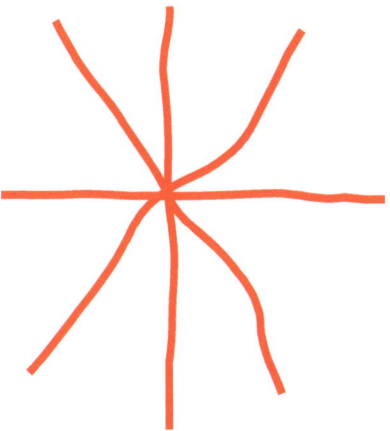

Indianerzeichen: Big Love wedding and
ewigi being and ever in church
celebrating ….

Indianerzeichen: Calgary housing

Indianerzeichen: Region germany Haus

Indianerzeichen: Natursee
germanyundo

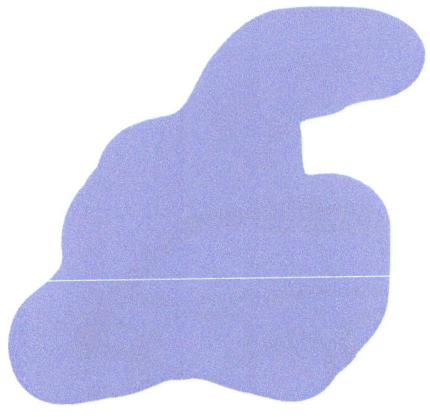

Indianerzeichen: indianisches lachen
…. chicago styling

Indianerzeichen: lustig am Nordpol

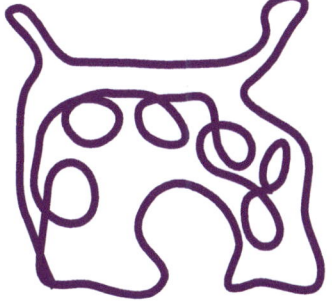

Indianerzeichen: spaßig am Südpol

Indianerzeichen: NHL Sportspaß und gutes feiern mit fröhlichen tanzen und glücklich sein …..

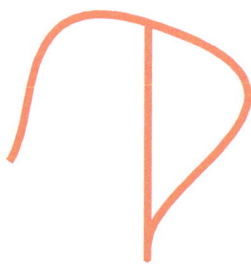

Indianerzeichen: happily kirchelen und
schön sein in der grünen Kirche und
Heirati feiern …..

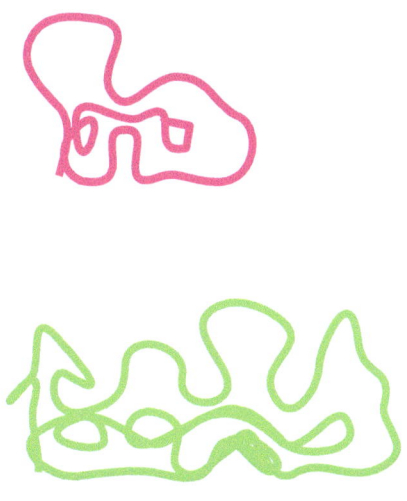

Indianerzeichen: Blumenzeichen mit
Spaß …..

Indianerzeichen: Sportstadium Madison
Square Garden with New York Rangers
being and all NHL celebrating and
nature being …..

Indianerzeichen: NHL clown housing

Indianerzeichen: NHL celebrating house ….. housele and there are also many mousele …..

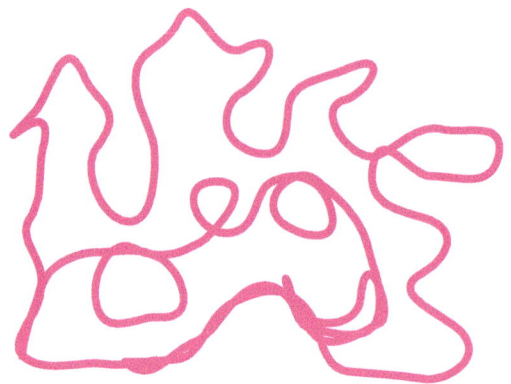

Indianerzeichen: grünes Haus

Indianerzeichen: bunte Feder

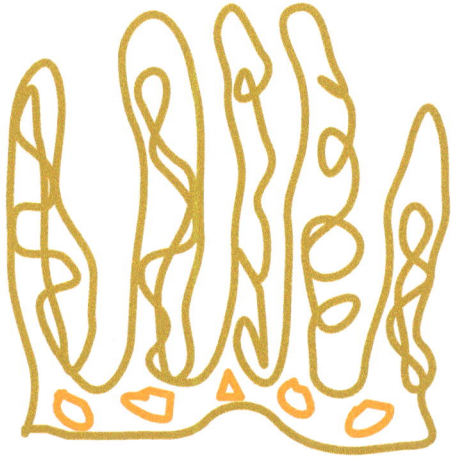

Indianerzeichen: Fernsehsendung
Wetten dass …..
und dann schönes schwimmen im See
Letten bei Montreal und schauen wie
die Schmetterlinge schön fliegen …..
und auch das Wasser rinnt und dann
schön träumen und schlafen im
Wohnhausi arinnt ….. gutes aufwachen
und weiter schön wandern zum
Indianergebiet Bachen …..

Indianerzeichen: grüne Wiese

Indianerzeichen: graue Steine

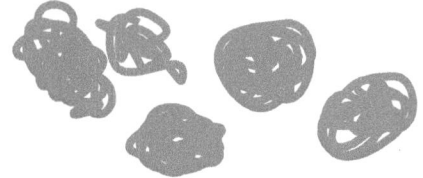

Indianerzeichen: Buntheit

Indianerzeichen: Family being

Indianerzeichen: Harmonie

Indianerzeichen: es ist schöne Natur und es ist wunderschön zu wandern und viele Esel zu sehen und gemeinsames laufen und sporteln beim Naturland Ysel .....

Indianerzeichen: schönes Wetter und
genießen der wundervollen
Naturlandschaft …..

Indianerzeichen: Himmel schön und
Buntheit auf der Wiese und die Adler
fliegen gerne zur Blume Liese …..